Inhalt

Gartenplanung: So geht's

Gartenthemen & Gartentypen

Neue Wege gehen

Es gibt viele Möglichkeiten, wie man einen Garten gestalten kann; eine dieser Möglichkeiten ist das Anlegen eines Gartens nach astrologischen Gesichtspunkten. Damit Sie sich Ihren passenden Astrologiegarten gestalten können, sollten Sie in den Kosmos der „grünen" Sternzeichen eintauchen und die Muster, die in der Pflanzenwelt vorhanden sind, kennenlernen. Diese Muster werden dann individuell in Ihrem Astrologiegarten zu ganz neuen Gartenkompositionen verbunden. Entdecken Sie den Garten als eine neue Energiequelle für sich selbst!

Am Anfang steht die Suche nach der passenden Heilpflanze: Sind Sie ein Ringelblumen- oder eher ein Kamilletyp? Welche Staude und welcher Baum passt zu mir: die rote Rose und die Eiche oder doch eher die Wicke und die Ulme? Drückt mein Baum Hingabe aus oder eher Heiterkeit? Auch entsprechende Accessoires verleihen Ihrem Garten eine ganz spezielle Note. Brauchen Sie plätscherndes Wasser oder eine Hängematte zum Entspannen? Oder fühlen Sie sich auf einer Terrasse mit Fernblick oder in einer schattigen Laube wohler?

Die „grünen" Sternzeichen weisen uns einen originellen Weg zu uns selbst. Auch Sie können ihn entdecken!

Eine Form der astrologischen Gartengestaltung beruht auf den vier Elementen Wasser, Luft, Erde und Feuer. Jedes der zwölf Sternkreiszeichen lässt sich einem dieser Elemente zuordnen.

Die Elemente Erde und Wasser sind wesensverwandt, ebenso die Elemente Feuer und Luft. Außerdem stehen diese beiden Elementpaare in einem engen Sinnzusammenhang: Das Wasser befruchtet die Erde, während die Erde dem Wasser Halt gibt. Das Feuer erwärmt die Luft, während die Luft dem Feuer Nahrung gibt.

Das Wasser – geheimnisvoll, instinktiv und magisch

Der „Wasser"-Garten ist wie die tiefgründige Strömung. Wasser durchdringt, ist geheimnisvoll und nicht greifbar. So wie die Seerosen, deren Verankerung man nicht sieht, oder die Pilze und der Schlafmohn, von deren Gift man nichts ahnt.

Das Wasser symbolisiert die verborgenen unbewussten Quellen des Lebens. Die Wasserzeichen handeln instinktiv und wirken oft magisch. Beziehungen zu anderen Menschen ist ihr Lebenselixier.

Die Luft – bewegt, vielseitig und flüchtig

Der „luftige" Garten ist bewegt. Die Luft ist wie ein Hauch von Wind, der den Duft der Blumenwiese weiter trägt. Sie ist harmonisch und vielseitig wie die kunstvollen Blüten der Orchideen oder der Doldenblütler oder sie ist flüchtig und klar wie eine blühende Tamariske oder die duftende Melisse.

Die Luft zeigt ihre bewegliche Eleganz und ihre klare Abstraktion. Die luftigen Sternzeichen verfolgen ihre Ideale mit Logik und System.

Das Feuer – warm, unberechenbar und schöpferisch

Der Garten, der überwiegend dem Element „Feuer" zugeordnet werden kann, fängt das Sonnenlicht ein. Das Licht ist warm oder auch klar, manchmal flüchtig und unberechenbar. Die Pflanzen wirken warm wie der Alant, der Winterling oder der Sonnenhut oder klar wie die Pfingstrose, der Eisenhut oder die Taglilie. Oder auch unberechenbar wie die Berberitze mit ihren Dornen.

Das Feuer beinhaltet die Chance, etwas Schöpferisches zu schaffen. Alle feurigen Sternzeichen handeln meist intuitiv und sehen die Zukunft als ein Netz vieler verschiedener Wege, die man gehen kann.

Die Erde – zuverlässig, langsam und beständig

Der „Erd"-Garten ist eine beständige Konstante in Raum und Zeit. Die Erde ist langsam, klar in der Form und zuverlässig. Die Obstbäume fruchten in immerwährendem Rhythmus, das Getreide liefert Jahr für Jahr Korn und die immergrünen Pflanzen behalten ihr Blattwerk unabhängig von der Jahreszeit bei.

Die Erde symbolisiert materielle Sicherheit und Zusammengehörigkeit. Alle Erdzeichen sind Realisten und zuverlässig. Sie verbinden Tatsachen mit ihrer Erfahrung.

Sternzeichen	Element	Ausgleich
Widder, Löwe, Schütze	Feuer	Wasser
Stier, Jungfrau, Steinbock	Erde	Luft
Zwilling, Waage, Wassermann	Luft	Erde
Krebs, Skorpion, Fisch	Wasser	Feuer

Mit den entsprechenden Pflanzen und Accessoires, die zu Ihrem Ausgleichselement gehören, können Sie Ihre negativen Eigenschaften positiv verändern.

Die Kraft der Gestirne

Neue Energie für Ihren Lebensweg

Schon die Griechen der Antike glaubten an den Einfluss der Gestirne, die Pflanzen und auch Menschen formen. Das Wissen um diese wirkenden Kräfte kann bei den Menschen Energie freisetzen, die ihnen hilft, ihren Lebensweg zu gestalten. Dabei kann man sich die unterstützenden Energien der Pflanzen zunutze machen, damit Harmonie und persönliches Wachstum entstehen.

Für Astrologiegärten und astrologische Gestaltungen werden die einzelnen Pflanzen den vier Elementen, den Planeten und den Sternzeichen zugeordnet. Ein nach astrologischen Gesichtspunkten gestalteter Garten kann unterstützend und aufbauend wirken. Er stärkt und spiegelt den Charakter eines Menschen und kann seine positiven Eigenschaften kräftigen. In der Pflanze selbst liegen die Energiepotenziale des jeweiligen Sternzeichens.

Der Astrologieschaugarten der Universität Perugia/Italien greift den Tierkreis gestalterisch auf. Im Zentrum steht ein Olivenbaum.

Die Herrscher über die Tierkreiszeichen

Den zwölf Urprinzipien der Sternbilder können verschiedene Planeten zugeordnet werden. Man bezeichnet die jeweiligen Planeten als die Herrscher der einzelnen Tierkreiszeichen. Neben dem Tierkreis und den Planeten bestimmt auch der Aszendent den Menschen. Die Planetenkonstellationen wirken sich auf den Charakter des Menschen aus, der Aszendent auf seine Außenwirkung. Sie sind jedoch nicht Thema dieses Buches, da dies seinen Rahmen sprengen würde. Wir beschäftigen uns nur mit der Sonne, die ihrerseits eng mit den Sternzeichen zusammenhängt: Unter dem Sternzeichen versteht man die Stellung der Sonne im jeweiligen Tierkreis. Der Tierkreis ist die Sonnenumlaufbahn. Die Sonne wandert jährlich um alle Tierkreiszeichen, so dass sich aus dem Geburtsdatum das Sternzeichen ablesen lässt. Die Sonne beeinflusst alles Lebende und steht für das Wesen der Menschen, der Tiere und Pflanzen.

Entdecken Sie Ihre Mitte

Mithilfe der Pflanze Ihres Sternzeichens können Sie Ihre eigene Mitte entdecken, und Pflanzen können treue Begleiter auf der Suche nach dem Selbst und nach Ganzheit werden. In den Pflanzen wird das menschliche Wesen in viel stärkerem Maße sichtbar als bei uns Menschen. Denn das Wesen einer Pflanze bleibt immer gleich: Die Pflanzen folgen dem Lauf der Sonne, öffnen und schließen ihre Blüten und verändern ihr Äußeres im Wandel der Jahreszeiten. Sie sind ganz sich selbst, verkörpern also reines Sein. Einen Mitmenschen hingegen erleben wir nur kurz in seinem momentanen Gemütszustand, seiner augenblicklichen Stimmung, die sich gleich wieder ändern kann.

Ihre Sternzeichenpflanze kann auch Ihre Identität ein Stück weit spiegeln. So drückt das Johanniskraut die feurige, warme Begeisterung des Löwenherzens aus, die Wicke die unbeschwerte Heiterkeit des Zwillings, die Christrose die konzentrierte Lebenskraft des Steinbocks, die Schafgarbe die ausgeglichene Hingabe der Waage und die Herbstzeitlose die Melancholie einer Fischseele.

Ein Astrologieschaugarten, über den leider nur wenige Gartencenter oder botanische Gärten verfügen, kann Ihnen einen Eindruck der unterschiedlichen Wirkung der einzelnen Pflanzen verdeutlichen. Lassen Sie die verschiedenen Pflanzen, die Ihrem Sternzeichen zugeordnet sind, auf sich wirken und vergleichen Sie deren Wirkung mit der anderer Sternzeichenpflanzen. Vielleicht werden Sie sich dadurch Ihrer eigenen Charakterzüge bewusster oder nehmen diese zum ersten Mal wahr und machen sie für sich nutzbar. Sie werden

Die Sternzeichenpflanzen des Wassermann (aus dem Astrologieschaugarten in Perugia)

auch Ihren Partner und Ihre Freunde ganz anders erleben, wenn Sie erfahren, welche Pflanzen deren Wesen entsprechen.

Individualismus und Sicherheit

Es ist ein Trend zu beobachten, auch den Garten weniger stereotyp, sondern vielmehr individualistisch zu gestalten und sich selbst in seinem Garten den inneren Anlagen entsprechend zu verwirklichen. Gleichzeitig kann man feststellen, dass die Menschen besonders in Zeiten von wirtschaftlicher

Der Stier genießt den Gemüse- und Kräuteranbau.

und politischer Unsicherheit auf der Suche nach Strukturen sind, die Bestand haben. Neben dem Wunsch nach Individualität steht also der nach Sicherheit. Und was wäre geeigneter, diesen Bedürfnissen entgegenzukommen, als die ganz eigene, persönliche Gartengestaltung nach dem Grundgerüst der Urprinzipien der Sternbilder, die sich nicht verändern?

Sternzeichen	Planet	Urprinzip/Archetyp
Widder	Mars	Aggressiv, impulsiv
Stier	Venus	Harmonisch, geerdet
Zwilling	Merkur	Vermittelnd, luftig
Krebs	Mond	Fürsorglich, verspielt
Löwe	Sonne	Lebensspendend, majestätisch
Jungfrau	Merkur	Erntend, nüchtern
Waage	Venus	Ausgleichend, harmonisch
Skorpion	Pluto	Transformierend, machtvoll
Schütze	Jupiter	Würdevoll, zentriert
Steinbock	Saturn	Begrenzend, reduziert
Wassermann	Uranus	Exzentrisch, individuell
Fisch	Neptun	Auflösend, medial

So finden Sie die passenden Pflanzen

Die Zuordnung der einzelnen Stauden, Bäume, Sträucher und einjährigen Pflanzen ist nicht immer eindeutig möglich. So wie wir selbst aus mehreren Facetten bestehen, so sind auch die Pflanzen komplexe Wesen und verkörpern manchmal mehrere Prinzipien. Dann hängt es von der Gewichtung ab, zu welchem Archetyp man sie zuordnet. Manchmal ist vielleicht die Blüte von besonderer Bedeutung oder die Gesamterscheinung der Pflanze oder aber auch das Innere der Pflanze wie ihre Ausstrahlung oder die inneren Wirkstoffe bei den Heilpflanzen. Entscheidend sollte dann Ihr eigenes Gefühl sein, ob eine Pflanze Sie in Ihrem Wesen unterstützt und stärkt oder nicht.

Sternzeichen im Jahreslauf

Der Garten ist ein Ort der Ruhe und Geselligkeit, wo wir Kraft auftanken. Im Garten ist es nicht nur schön, sondern er ist auch heilsam mit seinen Kräutern und Bäumen. Während wir die Heilwirkung der Kräuter durch die konkrete Anwendung spüren, können Bäume mit ihrer Ausstrahlung eine heilsame Atmosphäre schaffen. Für viele kleinere Gärten z. B. in Städten wäre die Pflanzung eines Baumes trotz oder gerade wegen seiner intensiven Ausstrahlung einfach zu viel. Aber auch mit Kübeln und Wasserschalen können Sie entsprechend Ihrem Sternzeichen gestalten.

Kübelpflanzen und Stauden finden in jedem Garten ihren Platz. Der besondere Reiz liegt in ihrer jahreszeitlichen Rhythmik. Beginnend im Frühjahr treiben die Tulpen im April ein feuriges Spiel, das dem Sternzeichenbild des Widders entspricht. Es folgt der Mai mit der Blüte der Küchenschelle, der Heidelbeere und der ganzen Obstgehölze, die den nährenden Stier verkörpern. Der Juni symbolisiert mit seinen blühenden Wiesen und dem Summen der Bienen das vermittelnde Prinzip des Zwillings. Es folgt der sorgende Juli, die dem Krebs zugeordnete heilende Kamille, die dem Spiel dienenden Gänseblümchen und geheimnisvoll schimmernden Skabiosen.

Der sonnige August im Zeichen des Löwen zeigt sich in der gleichzeitig blühend und reifenden Sonnenblume und dem Sonnenhut. Der Erntemonat September der Jungfrau wird im reifen Getreide und in den blühenden Astern sichtbar. Die harmonische Waage im Oktober wird durch die bis zum Frost blühenden Rosen ausgedrückt und durch die wunderschöne Japan-Anemone. Der transformierende Skorpion im November zeigt sich in der Herbstzeitlosen und in den vielen Pilzen.

Der würdevolle Schütze im Dezember wird durch den Eisenhut repräsentiert. Im Januar zeigt sich der demütige Steinbock im Bild der Christrose. Der Wassermann Ende Januar wird durch den Winterjasmin sichtbar und den kleinen Zwergiris, die im Schnee blühen. Die Fische, das auflösende Prinzip verkörpernd, zeigen sich im Krokus, dem Vorboten des Frühlings. ●

Wasserschalen sind *passende Gartenaccessoires für den verspielten Krebs.*

Widder

Dornig & rotblühend

Die Pflanzen, die dem Widder entsprechen, sind häufig dornig wie alle Kakteenarten, meist rotblühend wie die rote Rose, die Brennende Liebe und die Tulpe oder von flammender Form wie die Prachtspiere oder die Gladiolen. Viele Pflanzen haben auch rote Früchte wie der Feuerdorn oder die Stechpalme. Es handelt sich um widerstandsfähige Pflanzen, wobei die Dornen bzw. Stacheln als Schutzsignaturen zu verstehen sind. Der Standort der Stauden ist sonnig bis halbschattig.

Die Staudenrabatte leuchtet ***in kräftigem Rot.***

Die Eiche

Die Eiche ist ein Ausdruck von Ausdauer und ihr Holz ist von großer Härte. Sie ist stark, schwer und unverrückbar mit der Erde verbunden. Die Krone ist ungleichmäßig ausgebildet, was ihr einen kraftvoll bis verbissenen Charakter verleiht. Die Baumrinde ist stark zerklüftet und die Wurzeln sind tief und fest in der Erde verankert. Sie symbolisiert das Feuer und die Impulsivität des Widders und spiegelt das aggressive Potenzial des Planeten Mars wieder.

Stier

Essbar & duftend

Die Pflanzen, die dem Stier entsprechen, sind fruchtbeladen, üppig und essbar. Dazu gehören alle Kräuter, die Erdbeere, alle Obstbäume, der Rhabarber, die Stockrose, der Frauenmantel und die Küchenschelle mit ihren samtigen Blüten. Die Blüten sind meist weiß oder rosa in der Farbe und angenehm im Duft.
Der Stier ist ein Genießer und die Pflanzen sind harmonische Anregung für alle unsere Sinne. Der Standort der Pflanzen ist meist sonnig bis halbschattig. ●

Ein Kräuterbeet mit farbenprächtigen Ringelblumen

Die Linde

Die Linde ist ein Ausdruck von harmonischer Herzenswärme und Hingabe. Die Blätter sind rund und regelmäßig geformt, die Äste neigen sich in charakteristischer Weise nieder, um sich am Ende leicht wieder anzuheben: Die Geste der Hingabe. Ihre Früchte sind klein, rundlich und essbar. Ihre Wurzeln sind herzförmig im Boden verwurzelt. Die Linde symbolisiert das nährende und verwurzelte Thema des Stiers und spiegelt das harmonische Prinzip der Venus wieder.

Zwilling

Die Ulme

Die Ulme ist ein Ausdruck der Bewegung. Weder die Farbe, noch der Duft oder die Form sind das Besondere; es ist vielmehr die rhythmische Bewegung, eine leicht gewellte Linie, die die Krone genauso charakterisiert wie die Rinde des Baumes. Die Ulme symbolisiert das Feingliedrige und Aufrechte, das rhythmisch bewegte Thema des Zwillings und spiegelt das vermittelnde Prinzip des Merkurs wieder.

Zum Zwilling *passen blau-gelb blühende Staudenbeete.*

Luftig und blau-gelb

Die Pflanzen, die dem Zwilling entsprechen, haben ein ausgeprägtes, meist gefiedertes Blattwerk wie das Heiligenkraut Santolina mit seiner luftigen Fülle. Es sind viele kletternde Pflanzen darunter wie die Wicke oder der Blauregen. Die Blüte ist meist klein und blau oder gelblich in der Farbe. Weitere Pflanzen sind der Ginster, der Dill und das Vergissmeinnicht. Der Zwilling ist kommunikationsfreudig und Informationen sammelnd und die Pflanzen sind luftig. Der Standort ist sonnig bis halbschattig.

Krebs

Die Kirsche

Der Kirschbaum ist ein Ausdruck der wässrig fließenden Heiterkeit. Die lockere Krone wirkt frisch und heiter, die Blüten entfalten ihren Duft und die Frucht ist Farbe und Saft. Das Holz ist fest und dennoch findet bei der Verletzung der Rinde eine erstaunliche Gummibildung statt. Die Frucht ist weich und wässrig, der Same hingegen hart und bitter. Die Kirsche symbolisiert das geheimnisvolle, mütterlich-sorgende Thema des Krebses und spiegelt das fruchtbare Prinzip des Mondes wieder.

Saftig & beruhigend

Die Pflanzen, die dem Krebs entsprechen, sind häufig saftig und samenreich, die Blätter sind meist weich und die Blüten schimmern weißlich und rosa. Es sind die Dreimasterblume, das Gänseblümchen, die Skabiose, das Margeritenbäumchen sowie das Buschwindröschen und Farne, die Taubnessel, der Schneeball und Liguster. Der Krebs ist einfühlsam, weich und versorgend und die Pflanzen sind beruhigend. Der Standort ist meist schattig und feucht.

Ein eher schattiger Garten mit weiß und rosa blühenden Pflanzen entspricht dem Krebs.

Löwe

Gelb-orange & fruchtig

Die Pflanzen, die dem Löwen entsprechen, sind meist gelb bis orangefarben in der Blüte wie die Sonnenblume, die Fackellilie, der Sonnenhut und Coreopsis. Häufig sind süß fruchtende Pflanzen darunter wie das Orangenbäumchen oder der Granatapfel, aber auch der Walnussbaum und das Johanniskraut gehören dazu. Der Löwe ist energiegeladen und herzlich und sein Thema ist die Selbstverwirklichung wie das Prinzip der strahlenden Sonne. Der Standort der Löwe-Pflanzen ist sonnig und warm.

Die Esche

Die Esche ist Ausdruck von Mut und Großartigkeit. Sie vereint ihre mächtige Höhe mit empfänglicher Zartheit, die sich in dem federförmigen Blatt spiegelt. Das Holz der Esche ist zäh und voller Spannkraft und unter der Krone des Baumes stehend erlebt man ein Lichtspiel der Blätter, das wärmend und bewegt ist. Die Esche symbolisiert das majestätische Thema des Löwen voller Vitalität und Wärme wie es im Lebensstern Sonne zu finden ist.

Eine sonnig-feurige Blütenpracht in Gelb- und Rottönen

Jungfrau

Die Haselnuss

Die Haselnuss ist Ausdruck von fruchtender Bewegung. Sie vereint ihre bewegte Astführung mit vielen Früchten. Mit ihrem strauchartigen Wuchs ist sie eher feingliedrig, durch ihre runden Blätter jedoch klar strukturiert. Ihre Fruchtstände wirken wie Kunstwerke, die Nüsse sind im Gegensatz dazu rund und fest. Die Haselnuss symbolisiert das feingliedrige Prinzip der Jungfrau, das mit dem nüchternen Sinn der Verwendbarkeit verbunden ist, ebenso wie das Thema des Merkur die Bewegtheit mit dem Nutzen verbindet.

Feingliedrig & kleinblütig

Die Pflanzen, die der Jungfrau entsprechen, sind feingliedrig, meist gelb in der Blüte oder zart blau mit ausgeprägtem Blattwerk. Die Blüte ist unwichtig wie bei vielen Sukkulenten, den Gräsern, den Kräutern wie Baldrian und Kümmel und dem Getreide. Es gehört auch knollenbildendes Gemüse und Wurzelgemüse dazu wie die Möhre und der Sellerie. Sträucher sind gelb blühend wie der Goldregen oder die Forsythie. Die Jungfrau ist ordentlich und vermittelnd wie das Thema des Merkurs. Der Standort der Pflanzen ist sonnig bis halbschattig. ●

Detailverliebte Gestaltung *einer Gartenecke.*

Waage

Die Birke

Die Birke ist Ausdruck bewegter Hingabe. Die Zweige der Birke sind schön geformt, biegsam und bewegen sich im Wind. Der Birkenstamm ist mit dem Spiel von Weiß und Schwarz hell und gleichzeitig kraftvoll. Die Blätter sind klein und zart, und sie spielen mit Wind und Licht. Auch die Wurzeln sind nicht tief verankert. Die Birke symbolisiert eine Verbundenheit zum Licht wie es im eleganten und ästhetischen Thema der Waage hervortritt und sich auch im harmonischen Prinzip der Venus widerspiegelt.

Eine sehr harmonische Pflanzung mit romantischem Rosenbogen

Anmutig & betörend

Die Pflanzen, die der Waage entsprechen, sind harmonisch und anmutig in der Blüte. Dazu gehören alle Doldenblütler wie die Schafgarbe, die Orchideen mit ihrem betörenden Duft, rosa und weiß blühende Rosen, Azaleen, Maiglöckchen und Schleierkraut. Zu den Sträuchern gehören auch der Jasmin, der Wein und die Zierkirsche. Die Waage ist charmant und verführerisch wie das Prinzip der Venus. Der Standort der Waage-Pflanzen ist sonnig bis halbschattig.

Skorpion

Die Zypresse

Die Zypresse ist Ausdruck von Wandlungsfähigkeit. Sie ist ein schmaler Baum, der in große Höhen strebt. Die Zweige sind nach oben gerichtet: es findet keine Entfaltung im Kronenbereich statt wie bei Laubbäumen. Die gedrungenen immergrünen Nadeln wirken machtvoll in ihrer Beständigkeit und gleichzeitig bizarr. Der spannungsreichen und machtvollen Form entspricht das Thema des Totenkultes und der Tiefgründigkeit beim Skorpion wie auch das Prinzip der Transformation beim Pluto.

Dunkel & kontrastreich

Die Pflanzen, die dem Skorpion entsprechen, wirken oft dunkel und bizarr, sind meist giftig und die Farben können von gespanntem Kontrast sein, wie der Fingerhut im Tannenwald oder der Fliegenpilz mit Farnen und Moos.
Im unten abgebildeten Garten werden diese Kontraste erreicht durch die Kombination von rot- und gelbblühenden Beet- und Balkonpflanzen sowie mit dem dunklen Grün des Kriechwacholders.

Weitere Giftpflanzen sind die Eibe und das Bilsenkraut. Der Skorpion ist tiefgründig und machtvoll wie das sich wandelnde Prinzip des Planeten Pluto. Der Standort ist halbschattig bis schattig und meist feucht. ●

***Spiegelelemente** verleihen dem Garten einen bizarren Ausdruck.*

Schütze

Der Ahorn

Der Ahorn ist Ausdruck einer Einheit, die nach allen Seiten strebt. Der Stamm des Ahorn verzweigt sich schon früh in zwei oder mehrere kleinere Stämme.

Diese exotisch feurige Blütenpracht passt zum reiselustigen Schützen.

Die Blätter liegen sich jeweils gegenüber wie auch die Samen der geflügelten Frucht. Aus dieser Zweiheit entwickelt sich die Orientierung nach allen Seiten hin, genauso wie beim Samen, der spiralförmig fällt, und wie die Baumkrone, die wie geschichtet wirkt. Dem forschenden, reisenden Schützen entspricht das sich entwickelnde Prinzip des Jupiters.

Üppig & exotisch

Die Pflanzen, die dem Schützen entsprechen, entwickeln sich zunächst langsam und wachsen dann üppig. Sie blühen in leuchtenden Farben, meist gelb, aber auch rot und blau. Ihre Früchte sind manchmal süß, aber auch würzig, ihr Erscheinungsbild ist oft exotisch. Dazu zählen die Yuccapalme, die Pfingstrose, die Taglilien, der Rittersporn, die Esskastanie, das Zuckerrohr und der Mais. Der Schütze ist zentriert und abenteuerlustig wie er auch durch das reisende Prinzip des Jupiter verkörpert wird. Der Standort der Pflanzen ist trocken und sonnig.

Steinbock

Immergrüne Pflanzen, Farne und Moose schaffen eine dunkle und schattenreiche Waldatmosphäre.

Die Buche

Die Buche ist Ausdruck einer erhabenen Ernsthaftigkeit. Ihre Krone schafft es mit dem Laub eine geschlossene Sphäre zu bilden. Unter ihr ist man in einem Dämmerdunkel, einem Raum, in dem fast nichts mehr wächst. Sie hat eine zarte Rinde, die im Kontrast zu der eher abweisenden Haltung des Baumes steht. Das Thema des Steinbocks ist die Disziplin und Beschränkung auf das Wesentliche wie sie auch im begrenzenden Prinzip des Saturn verkörpert wird.

Immergrün & langlebig

Die Pflanzen, die dem Steinbock entsprechen, sind meist immergrün und in der Farbe eher dunkelgrün. Sie sind langlebig und häufig giftig. Zu ihnen zählen das Efeu, der Buchsbaum, das Leberblümchen, das Immergrün und der Nieswurz, die Christrose und die Eibe. Der Steinbock ist ordnungsliebend und klar strukturiert wie das strenge Prinzip des Saturn. Die Atmosphäre mutet dunkel und streng an. Der Standort der Pflanzen ist schattig bis halbschattig.

Wassermann

Die Scheinakazie

Die Scheinakazie ist Ausdruck kreativer Extravaganz. Die lockere Krone und die gefiederten Blätter vermitteln einen luftigen Charakter, die hängenden Blütentrauben verströmen einen süßlichen Duft. Die Wurzelausläufer mit ihren Wurzelknöllchen, die in Verbindung mit Bakterien entstehen, reichern den Boden mit Stickstoff an und tragen zur Verbesserung der Böden bei. Neue Ideen und Erfindungen sind ein Thema des Wassermanns wie es auch im unsteten, von Geistesblitzen durchfluteten Prinzip des Uranus verkörpert wird.

Bizarr & extravagant

Die Pflanzen, die dem Wassermann entsprechen, sind meist bizarr mit Luftwurzeln wie Lianen oder in Symbiose mit anderen Pflanzen lebend wie die Mistel. Weitere Pflanzen des Wassermanns sind die Königskerze, die Eselsdistel, die Steppenkerze, die Tamariske, der Ginkgo, der Oleander und der Gummibaum. Der Wassermann ist ein Individualist, der seine Entsprechung im geistig anregenden Prinzip des Uranus findet. Der Standort der Wassermann-Pflanzen ist trocken und sonnig.

Ein sehr ungewöhnlich gestalteter Garten, der voller unerwarteter Elemente steckt.

Fisch

Die Trauerweide

Die Trauerweide ist Ausdruck der Auflösung. Die bis zum Grund hängenden Zweige lösen die Grenze zwischen Boden und dem darüber liegenden Raum auf. Die Rinde der Weide enthält Salicin, ein Bestandteil eines Schmerzmittels. Neben der Auflösung gilt es nach vorne sowohl in die Zukunft als auch an einen anderen Ort zu sehen: Die Weide ist eine Pionierpflanze, die neues Land besiedelt. Der Fisch hat das Thema des Träumens und der Grenzenlosigkeit wie es auch im auflösenden Prinzip des Neptun verkörpert wird.

Pastellfarben & schillernd

Die Pflanzen, die dem Fisch zugeordnet werden, sind meist pastellfarben in der Blüte und haben häufig betäubende Inhaltsstoffe. Dazu zählen der Schlafmohn, der Salomonsiegel, der Hanf und der Tabak, der Bambus und die Iris, das Seegras und der Weiderich. Der Fisch lässt sich gern von seinen Phantasien leiten und ist häufig unentschieden wie es auch im Prinzip des Neptun die Täuschung neben der Transzendenz gibt. Der Standort der Pflanzen ist feucht und halbschattig. ●

Ein Fisch-Garten *mit sanft schwingendem Gras und viel Wasser.*

	Heilpflanzen	Charaktertyp	Anwendung
Widder	Löwenzahn „Wirbelnde Pusteblume“	„Der Ungestüme“: Kraftvoll wie die Wurzel des Löwenzahns sich in den Boden schraubt und tatkräftig wie die vielen samentragenden Fallschirme ist der Löwenzahntyp.	Löwenzahnsalat zur Blutreinigung
Stier	 Ringelblume, „Nie-Welkende“	„Der Unverwüstliche“: Beharrlich wie der feste Stängel der Ringelblume, die gut verwurzelt ist, und heiter blüht bei jedem Wetter ist der Ringelblumentyp.	Ringelblumensalbe als Wundheilmittel
Zwilling	Huflattich „Pflanze des Lichts“	„Der Gesellige“: Ruhelos ist der Huflattichtyp wie die Blüte, die vor dem Blatt erscheint und lebhaft ist, sie tritt immer in Mengen auf.	Huflattichtee bei Schleimhautreizungen
Krebs	Kamille „Mutterkraut“	„Der Einfühlsame“: Verständnisvoll wie die schmerzlindernde Wirkung der Kamille und scheu wie das zarte Erscheinungsbild der Pflanze ist der Kamilletyp.	Kamillentee bei Reizungen des Magens
Löwe	 Johanniskraut „Sonnenkraft“	„Der Sonnige“: Lebensfroh wie die nach allen Richtungen strahlenden Staubgefäße der Blüte und warmherzig wie die rötliche Farbe im Blüteninneren ist der Johanniskrauttyp.	Johanniskrauttee zur Nervenstärkung
Jungfrau	Wegwarte „Pflanzen für die Seele“	„Der analytische Verstand“: Klar, wie die blaue Farbe der Blüte sanft die Seele berührt, und helfend am Wegesrand zur Stelle ist der Wegwartentyp.	Wegwartentee zur Stoffwechselreinigung

Heilpflanzen	Charaktertyp	Anwendung	
 Schafgarbe „Pflanze der Frauen“	„Der Schöne“: Harmonisch und luftig wie der Aufbau einer Doldenblüte und taktvoll bis ins Innere die Unregelmäßigkeiten ausgleichend ist der Schafgarbentyp.	Schafgarbentee bei Frauenleiden	Waage
Kalmus „Wärmende Wurzelkraft“	„Der Tiefgründige“: Leidenschaftlich wie die im Sumpf wachsende Wurzel und kämpferisch den Raum erobernd ist der Kalmustyp.	Badezusatz zur allgemeinen Stärkung	Skorpion
Brennnessel „Pflanze des Feuers“	„Der Offene“: Schonungslos wie die brennenden Haare und aktiv wie die wuchernde Pflanze ist der Brennnesseltyp.	Brennnesseltee zur Stoffwechselreinigung	Schütze
 Beinwell „Zusammenziehende Kraft“	„Der Kühle“: Beherrscht wie die gewickelte Blüte und arbeitseifrig wie die sich ausbreitende Pflanze ist der Beinwelltyp.	Beinwellsalbe für Gelenke und Narben	Steinbock
Melisse „Herztrost“	„Der ruhelose Geist“: Originell wie die geschmackvollen Blätter und aufgeschlossen wie der Duft ist der Melissentyp.	Melissentee zur Nervenstärkung	Wassermann
Wegerich „Erste Hilfe am Weg“	„Der helfende Träumer“: Mitleidig sind die Blätter zur Stelle, schon zum Boden geneigt und aufopfernd in der Mitte des Weges zu finden wie der Wegerichtyp.	Blätter bei Verletzungen der Haut	Fisch

Gartenplanung: So geht's

Schritt für Schritt zum Traumgarten

Auf den folgenden Seiten finden Sie pro Sternzeichen einen idealtypischen Gartenplan, der die charakteristischen Merkmale des entsprechenden Sternzeichens zeigt. Natürlich ist es kaum möglich, einen solchen Gartentyp exakt wie im Buch umzusetzen. Aber anhand eines solchen Plans können Sie erkennen, ob er zu Ihnen passt, ob er Ihre inneren Anlagen spiegelt und dann entscheiden, was Sie selbst umsetzen wollen. Ziehen Sie also nur das aus den Plänen heraus, was Sie anspricht und was Sie auch tatsächlich in dem Ihnen zur Verfügung stehenden Raum verwirklichen können.

So planen Sie Ihren Garten

Machen Sie zunächst eine Bestandsaufnahme, welche Sträucher und Bäume vorhanden sind und ordnen Sie sie den Elementen bzw. dem entsprechenden Sternzeichen zu. Das geht am besten mithilfe einer Tabelle. Betrachten Sie die Lage des Gartens in Bezug auf die Sonneneinstrahlung: Liegt er sonnig oder schattig? Ist es in der Region eher trocken oder feucht, der Boden sandig oder humos? Nach der Bestandsaufnahme beginnt die Planung des Astrologiegartens.
Eine gute Planung beginnt

Dieser Waage-Garten mit Rosenbögen ist sehr harmonisch angelegt.

Checkliste für die Planung

Bestandsaufnahme: Klima, Lage und Bodenbeschaffenheit geben einen Rahmen vor. In welcher Umgebung liegt der Garten in Bezug auf Nachbarn und bereits vorhandene Pflanzen.

Planung: Wahl der Begrenzung, der Wege und des Terrassenbelages, der Bäume und Sträucher als die strukturgebenden Elemente.

Auswahl: Pflanzen, Accessoires und Materialen sollten in Bezug zum Sternzeichen oder Element stehen.

Komposition: Die einzelnen Komponenten sollten harmonisch zu Gruppen zusammengestellt werden.

mit der Betrachtung des Gartens im Winter: Welche Pflanzen sollen dem Garten auch in der kalten Jahreszeit eine Struktur geben, welche Elemente sollen dem Garten sein unverwechselbares Gesicht verleihen und wie soll das Auge beim Gang durch den Garten geführt werden?
Die wesentlichen Strukturelemente sind die Begrenzung des Gartens und die Bäume und Sträucher in ihm. Überlegen Sie sich, ob Sie einen Zaun, eine Mauer, einen Flechtzaun oder eine hohe Hecke haben möchten. Je nach Sternzeichentyp werden Sie die Fragen unterschiedlich beantworten.

Akzente setzen

Die Sträucher und Bäume wirken je nach Wuchsform ganz unterschiedlich und immergrüne Pflanzen setzen besondere Akzente im Winter. Auch die Wahl des Terrassenbelags kann das Erscheinungsbild eines Gartens prägen. Die folgenden Gartenpläne sollen Ihnen bei der Entscheidungsfindung helfen und die Auswahl an Pflanzen und an Terrassen- und Wegmaterialien erleichtern.
Wählen Sie die Pflanzen und Accessoires entsprechend der vier Elemente aus oder anhand des einzelnen Sternzeichens. Nun können Sie eine Liste Ihrer Lieblingspflanzen, der Steine und der Gartenmöbel, die zu Ihnen passen, erstellen. Zuletzt muss der Garten quasi „komponiert“ werden: Die ausgewählten Pflanzen, Accessoires und Möbel werden in Ihr bestehendes Gartenbild eingeflochten. Es entsteht Ihre persönliche Gartenkomposition.

SMART

Astro-Tipp

› **Planen Sie einen Garten** mit Ihrem Partner? Die Elemente beider Sternzeichen können in einem harmonischen Mix miteinander kombiniert werden oder teilen Sie den Garten in verschiedene Bereiche, die dann dem jeweiligen Sternzeichen entsprechend gestaltet werden. Auch Kinder oder WG-Bewohner können in einem großen Garten jeweils ihre Sternzeichenecke gestalten.

Widder: funktional

Der Garten des Widders ist charakterisiert durch geradlinige Wege, Asymmetrie und Funktionalität. Es sollte ein Feuerplatz oder eine Grillmöglichkeit geben. Die Bepflanzung ist durch die Verwendung zahlreicher meist dorniger Sträucher gekennzeichnet. Neben rotem Pflasterstein kann auch Granit Verwendung finden. Weitere Materialen sind Eisen und rotbraun gehaltenes Holz.

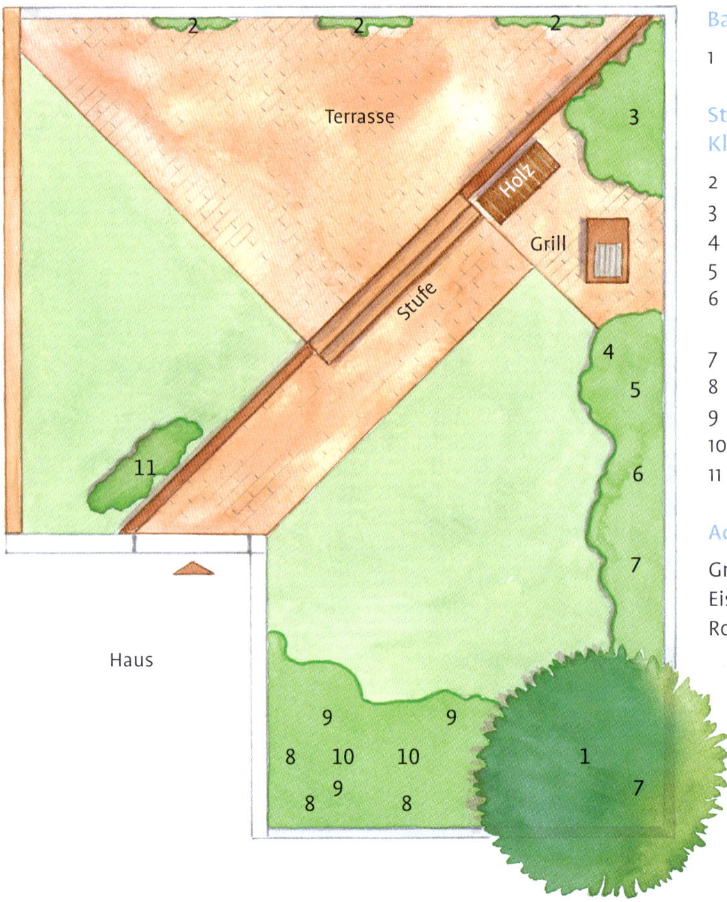

Baum:

1 Eiche *(Quercus robur)*

Sträucher, Stauden, Kletterpflanzen:

2 Jungfernrebe *(Parthenocissus)*
3 Stechpalme *(Ilex aquifolium)*
4 Weigelie *(Weigelia)*
5 Schneeball *(Viburnum)*
6 Blutjohannisbeere *(Ribes Sangvineum)*
7 Zwergmispel *(Cotoneaster)*
8 Berberize *(Berberis)*
9 Prachtspiere *(Astilbe)*
10 Tulpe *(Tulipa)*
11 Rose

Accessoires:

Grill
Eisenzubehör
Roter Pflasterklinker

Stier: harmonisch

Der Garten des Stiers zeichnet sich durch eine harmonische symmetrische Struktur aus. Die Bepflanzung ist üppig, aber geordnet. Es finden sich viele Nutzpflanzen und Kräuter sowie Obstgehölze. Der Garten wirkt geschlossen durch hohe Hecken und Räume wie Gartenpavillons oder Häuschen. Neben Steinen und Holz finden auch organische Materialen wie Rindenmulch ihren Platz.

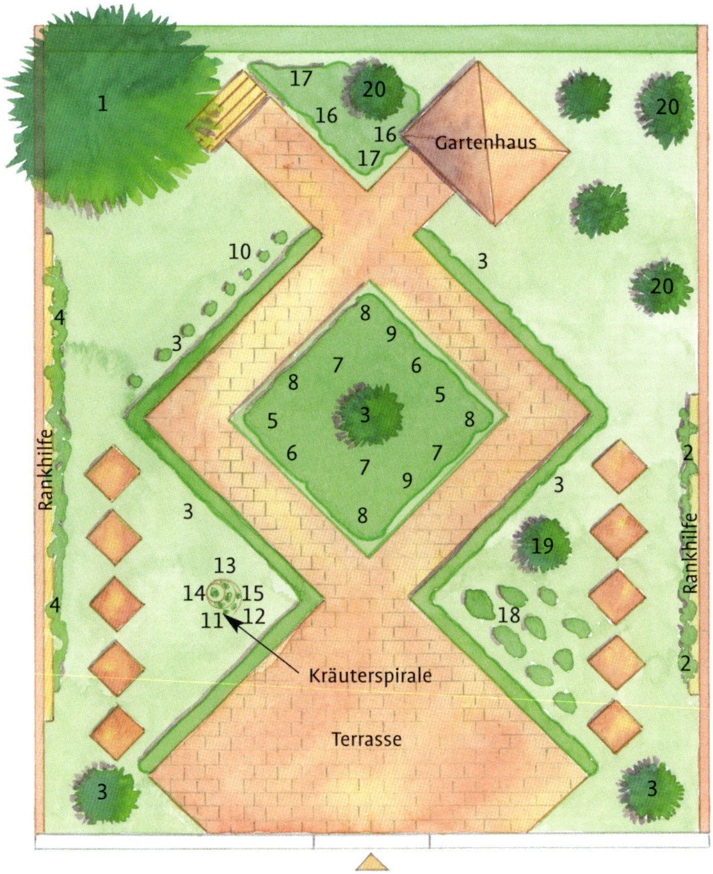

Bäume:

1 Linde *(Tilia)*
2 Spalierobst

Sträucher, Stauden, Kletterpflanzen:

3 Buchsbaum *(Buxus sempervirens)*
4 Kiwipflanze *(Actinidia chinensis)*
5 Schafgarbe *(Achillea millefolium)*
6 Kosmee *(Cosmos)*
7 Eibisch *(Althaea officinalis)*
8 Frauenmantel *(Alchemilla mollis)*
9 Ringelblume *(Calendula)*
10 Salat
11 Salbei
12 Thymian
13 Rosmarin
14 Wermut *(Artemisia)*
15 Bohnenkraut
16 Schnittlauch
17 Bärlauch
18 Erdbeere *(Fragaria)*
19 Rhabarber *(Rheum)*
20 Obststräucher

Accessoires:

Rosenkugeln, Holzstühle

Zwilling: bewegend

Der Garten des Zwillings ist charakterisiert durch eine offene Atmosphäre, viel Bewegungsmöglichkeit und Plätze für Kommunikation. Es finden sich viele feingliedrige Pflanzen darin. Neben einfachen Terrassenbelägen aus Beton sind Hängematte oder Schaukel ein wichtiger Bestandteil in diesem Garten.

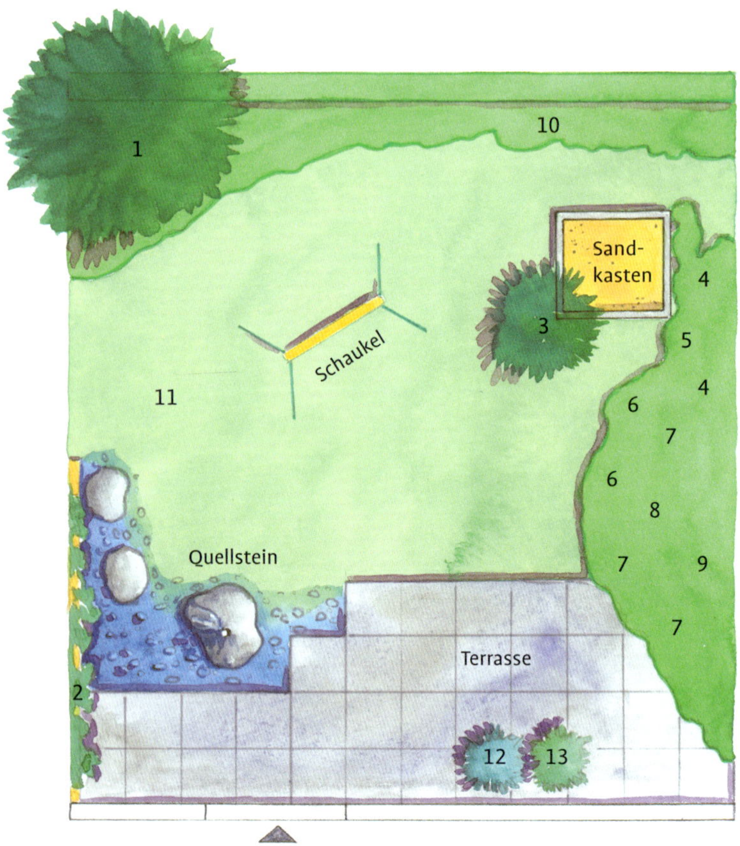

Bäume:

1 Ulme
2 Blauregen
3 Akazie

Sträucher, Stauden, Kletterpflanzen:

4 Fingerkraut *(Potentilla fruticosa)*
5 Wermut *(Artemisia)*
6 Lavendel *(Lavandula angustifolia)*
7 Glattblattaster *(Aster novi-belgii)*
8 Heiligenkraut *(Santolina)*
9 Goldrute *(Solidago)*
10 Blumenwiesenmischung
11 Krokus im Gras *(Crocus)*
12 Blauschwingel *(Festuca)*
13 Chinaschilf *(Miscanthus)*

Accessoires:

Schaukel
Hängematte
Gartenmöbel

Krebs: geheimnisvoll

Der Garten des Krebses hat etwas Geheimnisvolles. Er ist nicht sofort einsehbar und er enthält ein ruhiges Wasserelement. Die Pflanzen wirken wässrig und schimmernd, die Farben sind grün und weiß gehalten. Die Wege und der Bodenbelag sind aus Flusskieseln oder hellem Stein. Skulpturen sind ebenfalls aus Stein oder Keramik.

Baum:

1 Kirsche

Sträucher, Stauden, Kletterpflanzen:

2 Liguster *(Ligustrum)*
3 Sommerjasmin *(Philadelphus)*
4 Deutzie *(Deutzia)*
5 Hortensie *(Hydrangea)*
6 Zwergmispel *(Cotoneaster)*
7 Clematis
8 Farne
9 Glockenblume *(Campanula)*
10 Dreimasterblume *(Tradescantia)*

Accessoires:

Skulpturen
Stein
Marmor
Keramik

Löwe: sonnig

Der Garten des Löwen ist sonnig und warmherzig. Er ist klar strukturiert und einsehbar. Die Bepflanzung ist durch eine üppige Staudenvielfalt in den Farbtönen Gelb bis Orange gekennzeichnet. Die Wege sind in hellem Sandstein oder einem gelben Pflasterstein gehalten. Es sollte eine Möglichkeit zum Sonnenbaden gegeben sein, die einlädt, in der Pflanzenpracht zu verweilen.

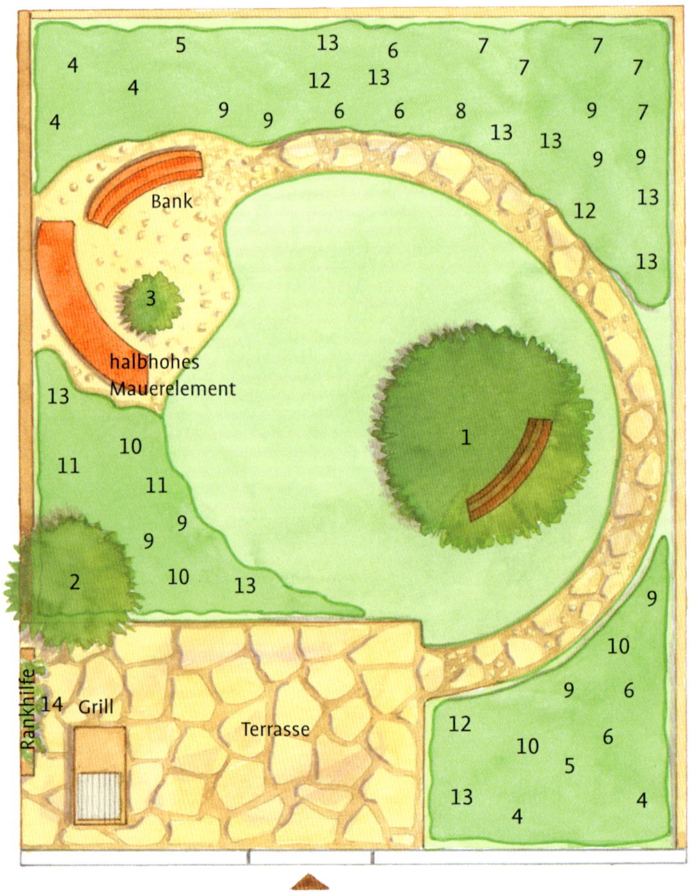

Bäume:

1 Esche *(Fraxinus)*
2 Goldregen *(Laburnum)*

Sträucher, Stauden, Kletterpflanzen:

3 Granatapfel
4 Mahonie
5 Kerrie *(Kerria)*
6 Chrysantheme
7 Sonnenblume *(Helianthus)*
8 Sonnenhut *(Rudbeckia)*
9 Glattblattaster *(Aster novi bergii)*
10 Taglilie *(Hemerocallis)*
11 Mädchenauge *(Coreopsis)*
12 Gemswurz *(Doronicum)*
13 Iris
14 Trompetenblume *(Campsis)*

Accessoires:

Sonnenuhr
Feuerstelle
Grill

Jungfrau: pragmatisch

Der Garten der Jungfrau ist feingliedrig und der Ernte und Ordnung gewidmet. Die Bepflanzung beinhaltet neben zarten Stauden überwiegend Gräser und Gemüse. Neben einem Gartenhaus könnte auch ein Gewächshaus stehen. Eine Alternative wäre ein Vogelhaus. Die Terrassenmöbel und der -belag sind funktional in Erdfarben gehalten. Die Begrenzung könnte ein Lattenzaun sein.

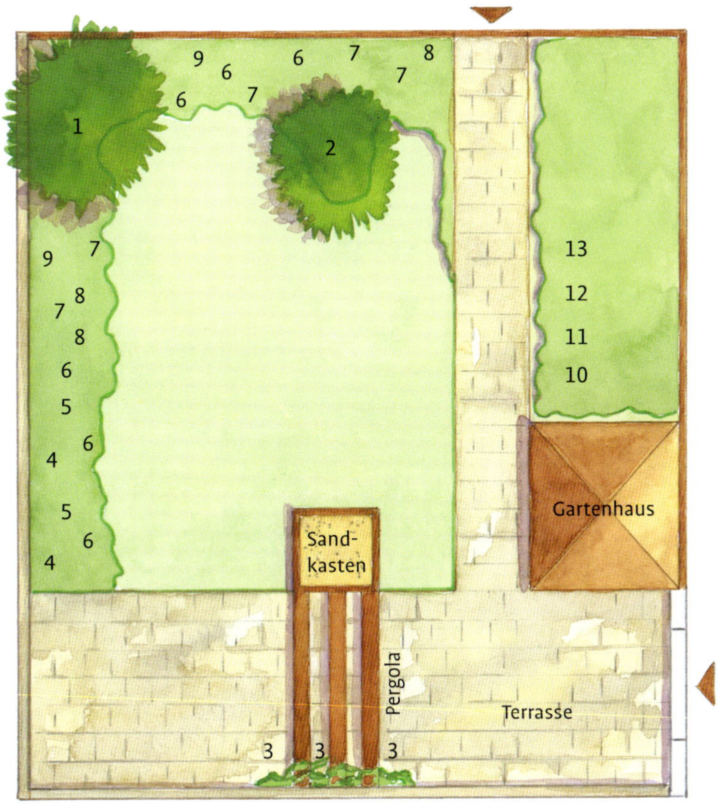

Bäume:

1 Goldregen *(Laburnum)*
2 Haselnussstrauch *(Corylus)*

Sträucher, Stauden, Kletterpflanzen:

3 Jelängerjelieber *(Lonicera)*
4 Bambus
5 Federgras *(Stipa)*
6 Solidaster
7 Heiligenkraut *(Santolina)*
8 Blauschwingel *(Festuca)*
9 Forsythie *(Forsythia)*
10 Salat
11 Erdbeeren
12 Möhren
13 weitere Gemüse

Accessoires:

Gartenhaus
Vogelhaus

Waage: ästhetisch

Der Garten der Waage ist schön, verlockend und harmonisch. Die Bepflanzung ist ausgeglichen und symmetrisch. In dem Garten finden sich Ruheplätze und kinematische Objekte, also sich bewegende Objekte wie Windräder oder sich drehende Spiralen, die einen künstlerischen Gleichklang zaubern. Auch romantische Rankbögen mit Kletterrosen berankt kann man dort entdecken.

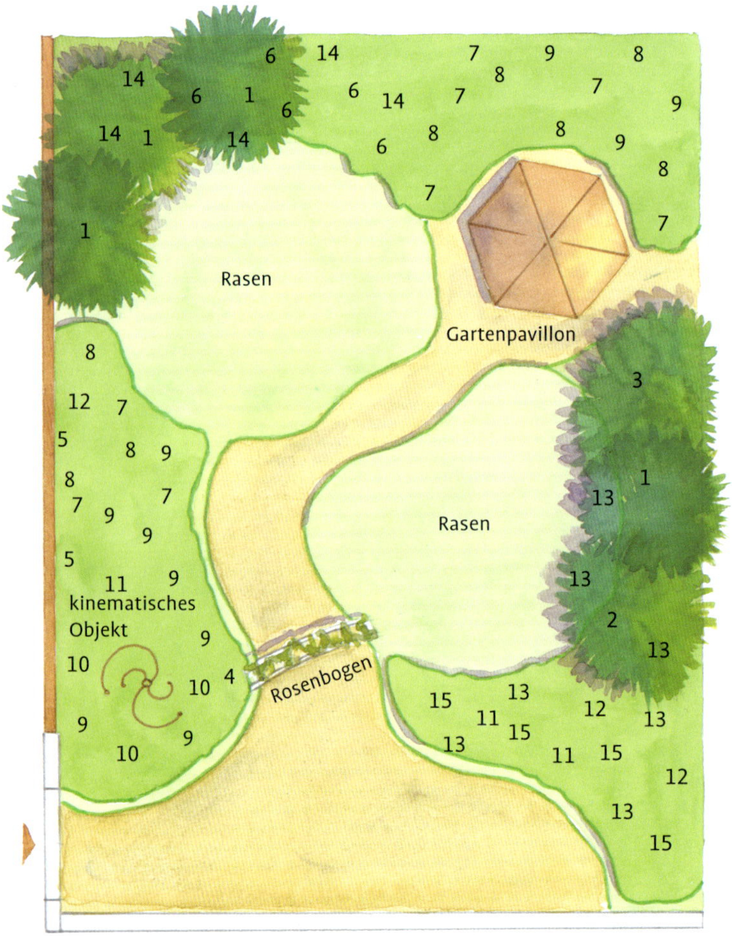

Bäume:

1 Birke *(Betula pendula)*
2 Zierapfel *(Malus)*
3 Zierkirsche *(Prunus)*

Sträucher, Stauden, Kletterpflanzen:

4 Kletterrose
5 Wein *(Vitis)*
6 Maiglöckchen *(Convallaria)*
7 Schleierkraut *(Gypsophila)*
8 Rose
9 Lavendel *(Lavandula)*
10 Schafgarbe *(Achillea)*
11 Lilie *(Lilium)*
12 Sommerflieder *(Buddleja)*
13 Berufkraut *(Erigeron)*
14 Heidekraut *(Erika)*
15 Riesenlauch *(Allium giganteum)*

Accessoires:

Lauben
Skulpturen aus Marmor
Pergola
Rankbögen
Kinematische Objekte

Skorpion: bewegend

Der Garten des Skorpion beinhaltet das Element der Transformation. Sich bewegendes Wasser wandelt sich, Pflanzen wie der Fingerhut können Wandlungen auslösen. Die Bepflanzung ist spannungsreich oder sogar undurchdringlich. Es finden sich Skulpturen oder auch Spiegel im Garten.

Bäume:

1 Zypresse
2 Eibe
3 Zeder

Sträucher, Stauden, Kletterpflanzen:

4 Knöterich
5 Rhododendron
6 Wurmfarn
7 Fingerhut *(Digitalis)*
8 Pilze
9 Froschlöffel
10 Sumpfkalla *(Calla palustris)*
11 *Ligularia*
12 Wacholder *(Juniperus)*
13 Herbstzeitlose *(Colchicum)*
14 Segge *(Carex)*
15 Krötenlilie *(Tricyrtis)*

Accessoires:

Spiegel
Eisen
Wasserlauf

Schütze: zentriert

Der Garten des Schützen ist klar gegliedert und einsehbar. Die Bepflanzung ist üppig, in klar leuchtenden Farben gehalten. Man findet im Garten meist Kunstgegenstände und Gartenleuchten. Er hat einen leicht exotischen Touch. Die Pflanzen entwickeln sich langsam in ihm, in dem eine Rasenfläche das Zentrum bildet.

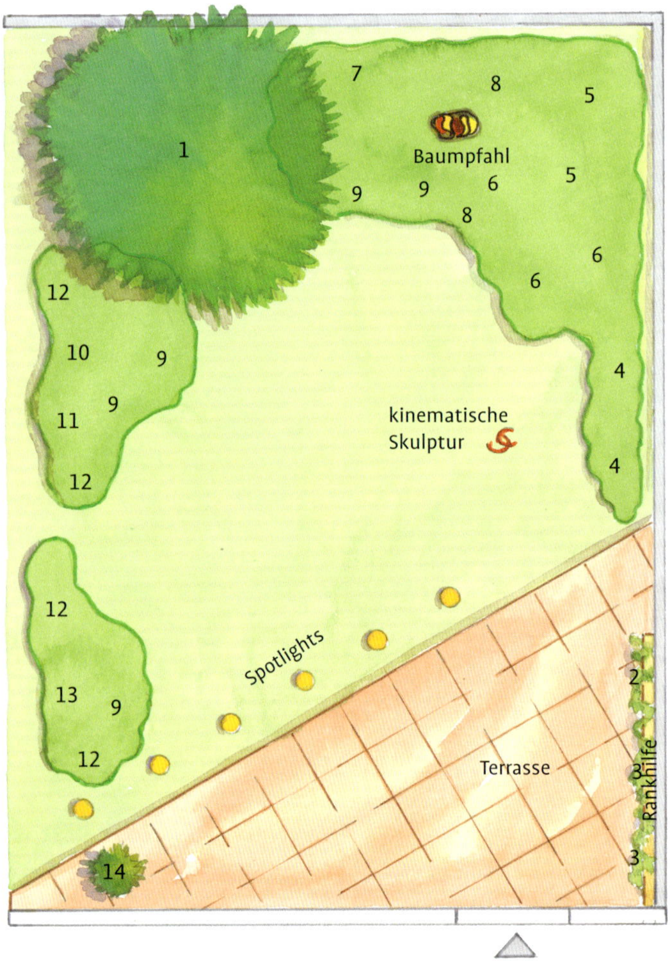

Baum:

1 Ahorn

Sträucher, Stauden, Kletterpflanzen:

2 Trompetenblume *(Campsis)*
3 Clematis
4 Bergenie *(Bergenia)*
5 Hortensie *(Hydrangea)*
6 Lilie *(Lilium)*
7 Rhododendron
8 Kaiserkrone *(Fritillaria)*
9 Funkie *(Hosta)*
10 Rittersporn *(Delphinium)*
11 Pfingstrose *(Paeonia)*
12 Taglilie *(Hemerocallis)*
13 Pampasgras *(Cortaderia)*
14 Lorbeer *(Laurus)*

Accessoires:

Kunstgegenstände in leuchtenden Farben

Steinbock: formal

Der Garten des Steinbock ist gekennzeichnet durch eine formal reduzierte Gestaltung. Die Bepflanzung ist meist immergrün. Der Garten wirkt eher dunkel und stark durch Basaltsteine oder Granitpflasterung geprägt. Kennzeichen sind auch die ausgeprägte Verwendung großer Pflanzkübel.

Baum:

1 Buche

Sträucher, Stauden, Kletterpflanzen:

2 Buchsbaum *(Buxus)*
3 Immergrün *(Vinca minor)*
4 Efeu *(Hedera helix)*
5 Kischlorbeer *(Prunus laurocerasus)*
6 Funkie *(Hosta)*
7 Christrose *(Helleborus)*
8 *Anemone blanda*
9 Hainbuchenhecke

Accessoires:

Pflanzkübel
Skulpturen aus Eisen

Wassermann: individualistisch

Der Garten des Wassermann zeichnet sich durch individualistische und völlig unerwartete Kombinationen aus. Er kann ein Baumhaus beinhalten, genauso aber Mosaikskulpturen aus Glas und Keramik. Es gibt keine klare Gestaltung, sondern spontane Ordnung.

Baum:

1 Scheinakazie *(Robinie)*

Sträucher, Stauden, Kletterpflanzen:

2 Oleander
3 Angelikabaum *(Aralia)*
4 Blasenstrauch *(Colutea)*
5 Königskerze *(Verbascum)*
6 Steppenkerze *(Eremutus)*
7 Blauschwingel *(Festuca)*
8 Thymian
9 Melisse
10 Steinquendel *(Calamintha)*
11 Goldrute *(Solidago)*
12 Eselsdistel *(Onopordum)*
13 Chinaschilf *(Miscanthus sinensis)*

Accessoires:

Baumhaus
Bizarre Skulpturen: Glas, Mosaik

Fisch: verträumt

Der Garten des Fisches ist verträumt und grenzenlos. Er enthält Wasser und eine reiche Uferbepflanzung. Es kann in einem Fischegarten duften; man findet Elemente des Meeres wie Sand oder Muscheln, vielleicht auch Bänke und Stühle aus Bambus.

Baum:

1 Trauerweide

Sträucher, Stauden, Kletterpflanzen:

2 Bambus
3 Chinaschilf *(Miscanthus jap.)*
4 Schilf
5 Weiderich *(Lythrum)*
6 Wiesenraute *(Thalictrum)*
7 Dotterblume *(Caltha)*
8 Iris

Accessoires:

Muscheln
Sand
Bambusstühle
Windspiele

Die schönsten Pflanzen und ihr Sternzeichen

Sie suchen ein „grünes" Geschenk, das in astrologischer Hinsicht zum Beschenkten passen soll? Kein Problem – hier haben Sie eine Übersicht über die schönsten Zimmer-, Beet-, Balkon- und Kübelpflanzen mit den dazugehörigen Sternzeichen.

Auch wenn Sie keinen Garten haben, kann Ihre Balkonecke oder die Fensterbank Sie mit Ihrer Astrologiepflanze kraftvoll bereichern oder entspannen. Und selbst im Büro oder im Arbeitszimmer kann die passende Pflanze für Ihren Kollegen oder Ihre Kollegin eine Energiequelle sein, die Sie ausgeglichener macht. Lassen Sie sich durch die Pflanzenbeispiele inspirieren und entdecken Sie, was Sie stärkt und harmonisiert!

Kübelpflanzen

Widder	Phoenixpalme
Stier	Myrte
Zwilling	Akazie
Krebs	Dreimasterblume
Löwe	Granatapfel
Jungfrau	Passionsblume
Waage	Kamelie
Skorpion	Knöterich
Schütze	Lorbeer
Steinbock	Olive
Wassermann	Oleander
Fisch	Bambus

Zimmerpflanzen

Widder	Weihnachtsstern, Kakteen
Stier	Begonie, Dahlie
Zwilling	Glockenblume, Bubiköpfchen
Krebs	Usambaraveilchen, Azalee
Löwe	Gerbera, Betelpalme
Jungfrau	F. benjamini, Flammendes Käthchen
Waage	Zimmerrose, Phalaenopsis
Skorpion	Spathiphyllum, Zyperngras
Schütze	Yuccapalme, Dracaena
Steinbock	Alpenveilchen, Efeu
Wassermann	Jasmin, Aralie
Fisch	Frauenschuh, Seerose

Beet- und Balkonpflanzen

Widder	Rote Rose, Tulpe
Stier	Eisbegonien, Kapuzinerkresse
Zwilling	Winde, Lavendel
Krebs	Margaritenbäumchen, Hortensie
Löwe	Sonnenblume, Fackellilie
Jungfrau	Lobelie, Heide
Waage	Impatiens, Viola
Skorpion	Primel, Seidelbast
Schütze	Geranie, Pfingstrose
Steinbock	Immergrün, Fuchsie
Wassermann	Königskerze, Zitronenmelisse
Fisch	Petunie, Malve

Gartenthemen & Gartentypen

Der Garten – Spiegelbild der Seele

Der Garten ist ein zusätzlicher Raum, der unser Haus umrahmt, der vielleicht ein zusätzliches Zimmer darstellt oder wie eine zweite Wohnung betrachtet werden kann.

Stellen Sie sich vor, Sie hätten ein zusätzliches Zimmer in Ihrer Wohnung: ein Zimmer ohne Funktion, ganz für sich allein. Was würden Sie damit machen? Natürlich das, was Ihnen wichtig ist. Und genau das machen wir in unserem Garten: Wir arbeiten auf unsere Weise an unserem Thema gemäß unseres Charakters.
Der Garten stellt gerade deshalb einen so unglaublichen Luxus dar, weil er uns ermöglicht, ganz wir selbst zu sein. Gerade der Garten spiegelt wie kaum ein Zimmer in unserer Wohnung wieder, was uns beschäftigt, wie wir uns selbst sehen und wie wir mit uns umgehen.

Welchen Garten hätten Sie gerne?

Was möchten Sie in Ihrem Garten machen? Sicherlich fallen Ihnen dazu viele verschiedene Dinge ein: Feste feiern und grillen, sich in geselliger Runde gut unter-

Thema	Sternzeichen
Genießen, Feiern, Erfolg	Widder, Stier, Krebs, Zwilling
Selbsterkenntnis und -ausdruck	Waage, Löwe, Skorpion, Jungfrau
Gesellschaft & Ich	Fisch, Steinbock, Schütze, Wassermann

halten, einen Kaffee-, Tee- und Kuchennachmittag mit Freundinnen abhalten.
Wenn Sie am liebsten diese Dinge in Ihrem Garten tun möchten, dann sind Sie sicherlich ein Zwilling.
Der Garten kann auch ein Raum der Ruhe und Besinnung sein, um sich im Gleichklang mit seiner Umwelt zu erfahren. Mit großer Wahrscheinlichkeit ist derjenige, der diesen Wunsch äußert, ein Krebs.
Der genießende Stier hingegen möchte in seinem Garten lieber Gemüse und Kräuter anbauen sowie Obst ernten. Der dornige, immer kämpfende Widder betrachtet seinen Garten eher als eine Herausforderung. Jeder Sternzeichentyp sieht also in seinem Garten ein anderes Thema.
Je nach Thema haben wir es natürlich auch mit einem unterschiedlichen Gartentyp zu tun: Der Widder ist sehr ungeduldig, der Zwilling eher flüchtig, der Krebs gemütlich und der Stier könnte als pragmatisch charakterisiert werden.

Kreativ und schöpferisch gestalten

Der kreative Umgang mit der Natur sagt Ihnen immer auch, wer Sie selbst sind, denn Sie allein gestalten mit Ihrer schöpferischen Kraft Ihre Umwelt und drücken ihr damit Ihren Stempel auf – Sie prägen sie. Anhand des Geschaffenen erkennen Sie, was Sie wollen und wohin Sie wollen und können daher Rückschlüsse über sich selbst ziehen. ‚Ich kann mich im Garten selbst erkennen', würde der Löwe sagen. ‚Ich kann mich der Schönheit im künstlerischen Sinn hingeben', wäre der Leitsatz der Waage. ‚Ich will die Wahrheit ergründen und damit dem Tod gegenübertreten', würde der Skorpion entgegnen. ‚Ich will dich verstehen und analysieren', wäre das Motto der Jungfrau.

Die letzten vier Sternzeichen, also Steinbock, Schütze, Wassermann und Fisch, verbindet ihre immer auch die ganze Gesellschaft einbeziehende Thematik. Das lässt die Gärten dieser Sternzeichen auf ihre Weise sehr extrem, ja geradezu abstrakt erscheinen. Der Fisch möchte die totale Verschmelzung und wünscht sich nichts sehnlicher als die Auflösung der bestehenden Differenzen. Der Schütze steht für die völlige Zentrierung, verfolgt die Erforschung des Lebens und will diese anderen vermitteln. Um gesellschaftliche Anerkennung in Bezug auf seine Leistung ringt der Steinbock. Der Wassermann kommt mit neuen Ideen zu den Menschen, um sie zu reformieren.

Zeige mir deinen Garten und ich sage dir, wer du bist!

Mit jedem Gartentyp erkennen wir nicht nur uns selbst besonders klar. Wenn wir genau hinsehen, entdecken wir die verschiedenen Gartentypen zu unterschiedlichen Anteilen auch in uns selbst.

Widder: Der Dornige

Der Widder gilt als der Entschlossene, der manchmal dornig erscheint und gleichzeitig wagemutig ist. Seine feurige Tatkraft finden wir im Garten im Frühjahr wieder, wenn mit den ersten wärmenden Sonnenstrahlen das Grün der Pflanzenwelt mit Macht aus der Erde hervorbricht. Neues Leben finden wir auch nach einem Vulkanausbruch oder in der Wüste nach einer langen Regenpause: Da zwängt sich das Pflanzenleben aus rauen Erdspalten empor und muss sich sogleich durch Dornen und Stacheln vor den Tieren schützen, um nicht angefressen zu werden.

Die Macht der Dürre oder die des Winters zu brechen, setzt Härte und ein raues Erscheinen voraus. Es ist eine Herausforderung, der sich die dornigen und feurigen Pflanzen im Sternzeichen des Widders stellen.

Im gleichen Maße zeigt der Widder, der für neue Ideen und Veränderungen kämpft, seinen Pioniergeist, wenn er dem Wildwuchs Einheit gebietet, ihn im Rahmen seiner Vorstellung bändigt und Führung übernimmt. Sein Handeln ist funktional, manchmal wirkt es archaisch, in jedem Fall ist es schnörkellos und gradlinig. Klare Formen, grobe Strukturen und widerstandsfähige Pflanzen unterstreichen das impulsive Handeln im manchmal schroff erscheinenden Garten. Die etwas ungeduldig wirkende feurige Haltung wird in einem Garten des Widders mit Fassung und Bewunderung getragen.

Feurige gebändigte Pflanzenkraft

Stier: Der Harmonische

Der Stier ist der verwurzelte Pragmatiker, der viel Wert auf Harmonie und Sinnlichkeit legt. Diesen Genießer finden wir im Mai in einem großen Bauerngarten wieder, wenn die Obstbäume blühen, das Gemüse wächst und das Beerenobst reift. Wir können ihn auch in einer schön gestalteten Kräuterecke oder in einem Kräuterlabyrinth antreffen, wo die Finger tasten und die Nase die vielen verschiedenen Kräutersorten sondiert. Exotische Pflanzen sucht man im Garten des Stiers vergeblich.

Die üppig blühende Pflanzenwelt braucht einen Rahmen, um ihre Wirkung entfalten zu können. Sie will bewundert und genossen werden. Der Stier will Strukturen schaffen, indem er Beete anlegt. Sie werden unterschiedlich hoch sein, damit er sich beim Pflücken der Kräuter nicht so tief bücken muss. Der Garten wird Schutz bieten und mit einer Symmetrie einen harmonischen Gleichklang erzeugen. Reine Zierde findet man selten, denn die Augen des Stiermenschen suchen gerne die essbare Frucht oder die Nase riecht den anregenden Duft.

Während einer Pause genießt der Stier die Früchte seines Gartens.

Der Stier wird dafür sorgen, dass der Garten so gepflegt ist, dass die Kulturpflanzen gut wachsen und dass optisch ein harmonisches Gesamtbild entsteht, denn er möchte jeden Tag mit Freude in den Garten gehen, um zu genießen. Er ist ein Pragmatiker mit einem Blick fürs überschaubare Ganze.

Zwilling: Der Luftige

Der Zwilling wird häufig als ein Schlaukopf bezeichnet. Er ist der geborene Vermittler luftiger Ideen. Sein Garten ist hell und offen, mit vielen kleinen, aufrecht wachsenden Pflanzen. Eine große Blumenwiese lässt ihn aufleben, durch die er von einer Blume zur nächsten streift und ihr jeweils ein Geheimnis entlockt oder auch sein eigenes mitteilt. Die einzelnen Stauden sagen uns mit ihrem Erscheinungsbild auch etwas über ihre Bedürfnisse. Die Margerite, die im Sommer voller Blattläuse sitzt, ruft nach Hilfe. Und keiner versteht es besser als der Zwilling durch die Ansiedelung von Marienkäfern für ein Gleichgewicht zu sorgen. Er schafft eine Ecke mit viel Laub, damit sich dort ein Igel zu Hause fühlt und die Schnecken in Grenzen hält. Er bewundert im Sommer das Spiel der Schmetterlinge. Mit ihnen hat der Zwilling viel gemeinsam: Er fliegt gerne von einem Gedanken zum anderen wie der Schmetterling von Blüte zu Blüte, immer auf der Suche nach Neuem. Der Zwilling schafft die Voraussetzung, dass sich im Garten ein Gleichgewicht einpendeln kann. Er beobachtet dann neugierig, wie sich die Pflanzen entwickeln. Die Verantwortung für das Wohlergehen der einzelnen Pflanze übernimmt er höchst ungern: Man sieht ihn nicht mit der Spritze herumlaufen, wenn die Läuse überhand nehmen! Er greift nicht aktiv, sondern indirekt in die Natur ein. Und auch das Einhalten von Ordnung ist ihm lästig: Er staunt lieber, was um die Ecke aus der Reihe tanzt!

Die luftige Blumenwiese mit Bienengesumm – lebendige Natur!

Krebs: Der Gemütvolle

Der Krebs gilt als der Gemütvolle, der den Mythos der sorgenden Mutter verkörpert. Diese empfindsame Seele findet man in einem Garten der Geborgenheit. Dort ist alles feucht, weich und uneinsehbar. Der Garten ist jedoch kein Dschungelchaos, sondern in ihm sind Orte der Zentrierung und Besinnung gestaltet, die eine gemütliche Atmosphäre verbreiten.
Jedes Leben, das eines Menschen wie das der Tiere und Pflanzen, hat seinen eigenen Rhythmus. Ihn zu erkennen und mit dem eigenen in Einklang zu bringen, versteht niemand besser als der Krebs. Dabei hilft ihm das Betrachten einer ruhigen Wasserfläche, die seinen eigenen Rhythmus wiederspiegelt. Wichtig ist auch ein Steinkreis, der die Energie auf eine Pflanze oder einen Pflanzenausschnitt bündelt. Alle fruchtenden Pflanzen voller keimender Samen geben einen intensiven Einblick in Wachstumsrhythmen. Und wenn eine Pflanze den Krebs innerlich berührt hat, wird er ihr Geheimnis mit großem Respekt bewahren und sie aufmerksam pflegen.
Der Krebs, der seinen Rhythmus der Stille im Garten gefunden hat, wird dort auch die Verbundenheit mit den anderen Lebensrhythmen des Meeres, des Mondes und der Pflanzen suchen und eine beachtliche Ausdauer und Fürsorge für die Pflanzen entwickeln, die ihm ans Herz gewachsen sind. Das alles geschieht vorsichtig, spielerisch, wirkt häufig verspielt und gleichzeitig herzlich.

Die ruhige runde Wasserschale lädt zur Besinnung ein.

Löwe: Der Majestätische

Der sonnige Platz lädt zum Genießen einer berauschenden Pflanzenvielfalt ein.

Der Löwe ist wie ein König, der majestätisch, aber auch beschützend durch sein Reich schreitet. Sein Garten ist ein Sonnengarten, der klar gegliedert ist und eine berauschende Aussicht eröffnet. Er beherbergt eine großartige Fülle von Pflanzen. Eine Staudenrabatte von leuchtender Pflanzenvielfalt ist eine Möglichkeit für ihn, seine Großartigkeit zu zeigen ebenso wie eine kreative Gartenecke mit vitaler herzlicher Ausstrahlung.

Die Sonne kreiert mit ihrer Wärme und Ausstrahlung eine gigantische Vielfalt von lebenden Mustern. Jedes Leben ist auf seine Weise einmalig und besonders. Kein anderer als der Löwe versteht es besser, die strahlende Pflanzenvielfalt für sich zur Selbsterkenntnis und Stärkung zu nutzen.

Er gestaltet im Garten wunderbare Staudenbeete oder behagliche Räume zum Verweilen und erschafft damit etwas, das sein Inneres wiederspiegelt. Das macht ihn glücklich.

Der Löwe erkennt das Besondere seines Gartens. Er weiß es für sich zu nutzen, aber auch durch besondere Accessoires zu betonen, ja geradezu herauszustellen. Das sonnige Ambiente wird durch Orange und Gelb und den schönen Ausblick zusätzlich akzentuiert. Das, was der Löwe erschafft, zeigt ihn gleichzeitig selbst: Er wird sich gestalterisch durchsetzen und das Erreichte beschützen und königlich pflegen.

Jungfrau: Die Ordentliche

Der Sitzplatz ist mit Liebe fürs Detail gestaltet und dennoch praktisch.

Die Jungfrau wirkt oft nüchtern, sie ist meist realistisch mit einem scharfen Blick für Details. In ihrem Garten hat alles seine Ordnung und seinen Sinn. Man findet häufig ein Gartenhaus oder ein kleines Gewächshaus, in dem Gemüse wächst und die Gartengeräte geordnet sind. Nutz- und Zierpflanzen sind getrennt und die Übergänge sind klar geregelt. Es dominiert das Blattgrün der Pflanzen, die Blüten sind meist unscheinbar. Viele Pflanzen haben eine bestimmte Aufgabe in der Natur und auch im Garten. Sie liefern uns und den Tieren Früchte und damit Nahrung, sie bieten uns Schutz vor Feinden oder den Blicken des Nachbarn und sie helfen bei der Gesunderhaltung. Kein anderes Sternzeichen weiß so viel über die mögliche Verwendung wie die Jungfrau. Sie kennt verschiedene Blattformen und ordnet sie sorgfältig an. Sie widmet sich der Vielfalt der Gräser und verfügt über ein unglaublich analytisches Wissen. Das ist aber selten Selbstzweck, sondern meist auf eine mögliche Verwendung hin ausgerichtet. Die Jungfrau ist wachsam und ordentlich im Detail. Sie erweitert ständig durch ihre genaue Wahrnehmung ihr Bewusstsein. Sie sammelt gerne und kann sich an der Vielfalt einer Pflanzengruppe wie den Sukkulenten erfreuen. Es muss aber für sie ein erkennbarer Sinn bei der Arbeit im Garten vorhanden sein, da sie sich sonst davon abwendet.

Waage: Die Perfektionistin

Die Waage wird häufig als die Verlockende bezeichnet. Sie ist meist charmant und elegant und hat ein ausgeprägt ästhetisches Empfinden. Ihr Garten ist üppig, aber sehr ausgeglichen und harmonisch. Wichtig ist die Symmetrie und die Verbindung des Guten, Wahren und Schönen. Edle Materialien wie Marmor, sanfte Pastelltöne oder harmonische Terrakottafarben finden wir bei den Blütenpflanzen und davon gibt es reichlich im Garten der Waage. Das Blütenmeer wird eingerahmt durch perfekte Rasenflächen und luftige Bäume und ergänzt durch beeindruckende Windspiele und wunderschöne Lauben.

Ein klassisch schöner Ort voller Harmonie

In der Blüte und im fallenden Herbstlaub drücken die Pflanzen ihre Hingabe aus. Sie geht einher mit Demut und dem sich Lösen vom Irdischen. Dies ist das Thema der Waage, die die Pflanzen um ihrer Schönheit willen kultiviert. Sie fragt nicht nach dem Nutzen, sie schaut nicht auf die Verbindung zu sich selbst, nein, sie gibt sich dem anmutigen Duft einer Rose hin, sie kreiert neue Pflanzkombinationen, die durch Farbe, Form und Duft bestechen und kennt die neuesten Züchtungen.
Die Waage neigt mit ihrem Hang zum Perfektionismus dazu, an der Oberfläche zu verweilen. Dabei helfen ihr die Doldenblütler wie die Schafgarbe. Sie zaubert ein luftiges facettenreiches Blütenmuster und ist dennoch im Boden wie die Mohrrübe fest verankert.

Skorpion: Der Machtvolle

Der Skorpion gilt als machtvoll; mit seinem sechsten Sinn ist er misstrauisch und stolz. In seinem Garten zeigt sich die Wandlungsfähigkeit. Das kann ein Wasserlauf sein, der in einen Teich mündet oder auch eine Spiegellandschaft, die das Licht in immer neuen Variationen bricht. Auch in einem Dschungelgarten fühlt sich ein Skorpion wohl, in dem der Zyklus von Wachsen, Blühen und Verwelken sichtbar ist und vermoderte, abgestorbene Pflanzenreste auch Bestandteil des Gartens sind.

Es gibt kaum sichtbare Pflanzen wie das Moos oder die Pilze und solche, die immer präsent erscheinen, wie die Eibe und die Zypresse sowie die verlockenden Pflanzen wie der Fingerhut. Diese bizarren Extreme im Pflanzenreich von Licht und Schatten versteht keiner besser in seinem Garten zu verbinden als der Skorpion. Der Ergründer der Wahrheit weiß um die unsichtbare Seite der Gifte im verlockenden Fingerhut oder manchen Pilzen. Er weiß instinktiv um die geheimnisvolle, unsichtbare Verbindung zwischen Pilz und Zypresse, die ohne einander nicht leben können.

Der Skorpion scheint nach Höherem zu streben, weil er die Macht hat, die Welt hinter den Dingen wahrzunehmen. Er agiert meist unabhängig und voller Leidenschaft. Er schafft dabei häufig spannungsreiche Szenarien. Sein Wirken hat immer etwas vom Ende und gleichzeitig vom Beginn einer Gartenkultur.

Aus der magischen Grotte strömt das ewig fließende Wasser.

Schütze: Der Würdevolle

Der Schütze wird als würdevoll charakterisiert. Er ist in sich zentriert, was es ihm gleichzeitig ermöglicht, das Leben zu erforschen. Der Garten des Schützen hat ein Zentrum, etwa eine Rasenfläche oder ein Baum. Es ist kein einmalig angelegter Garten, sondern er entwickelt sich so wie sich auch die Pflanzen in diesem Garten langsam entwickeln.
Es gibt Pflanzen, die in sich konzentriert wirken und gerade dadurch etwas Stattliches und Edles ausstrahlen. Dazu zählen der Rittersporn und die Pfingstrose, aber auch die Kaiserkrone und die Agave. Keiner versteht diese Konzentration so wie der Schütze. Sie entspringt einem Ernst, der den Schützen antreibt, das Leben zu verstehen. Dazu reist er und bringt viele Kunstgegenstände mit, für die er in seinem Garten Raum schafft. Den impulsiven Arbeitseifer im Garten ertragen die Pflanzen gelassen, da ja bald seine nächste Reise auf der Suche nach dem Sinn des Lebens beginnt. Während dieser Zeit können sie sich dann ungestört entwickeln. Für den Schützen wird die Reise zum Ziel und das Verweilen im Garten zur Sammlung und Konzentration für den nächsten Aufbruch. Im Garten liegt auch ein bisschen Trost für den Schützen, der weiß, dass es eine Vision bleibt, das Leben verstehen zu wollen.

Die exotisch wirkende Blütenpracht ist auf das Rasenzentrum hin ausgerichtet.

Steinbock: Der Disziplinierte

Der Steinbock wirkt auf seine Weise demütig, er schafft klare Strukturen und ist sehr diszipliniert. Der Garten des Steinbocks ist auf das Wesentliche reduziert. Er ist geprägt von geometrischen Formen, geradlinigen Mauern oder Hecken und klarer Funktionalität. Manche alte Friedhöfe vermitteln diese Atmosphäre von Strenge mit ihrem schattigen Umfeld und den dunkelgrünen Pflanzen. Das begrenzende Prinzip finden wir auch in den Barockgärten, wo es allerdings durch die schnörkeligen Muster in seiner Wirkung gedämpft wird. Eher entspricht dem Steinbock ein Zen-Garten, der durch Form, klare Regeln und Grenzen gekennzeichnet ist.

Die immergrünen Pflanzen wie der Efeu und die Eibe mit ihrem ernsten und langlebigen Ausdruck entsprechen dem Steinbock. Er schätzt ihre Verlässlichkeit und Stabilität. Ihre Wirkung wird durch die klare Linienführung der Pflasterung und durch hohe Mauern noch unterstützt. Sie geben dem Steinbock einen Rahmen vor, der es ihm ermöglicht, zielstrebig die gesellschaftliche Anerkennung durch seine eigene Leistung anzuvisieren.

Der Steinbock will die Dinge meistern. Als Planer seines Schicksals findet man keine Spontanvegetation. Da ist alles Form und das Wachstum der Pflanzen langsam und durch Rückschnitt normiert. Durch Kübel werden die Pflanzen in der Größe kontrolliert.

Die symmetrische Gestaltung mit Buchshecken, gepflasterten Wegen und Springbrunnen ist hier formgebend.

Wassermann: Der Exzentrische

Das farbige Glaselement erzeugt spannende Reflexionen.

Der Wassermann ist ein Individualist, der häufig ein Außenseiter der Gesellschaft ist. Seine Wirklichkeit sind Ideale, er ist vielleicht Erfinder, Zauberer oder Befreier. Sein Garten ist kein Garten im klassischen Sinne. Er ist in seiner Form reduziert wie beim Steinbock, aber sein Charakter ist dabei nicht ernst, sondern luftig wie beim Zwilling. Eine Schotterfläche, auf der sich Pionierpflanzen ansiedeln, könnte ihm gefallen oder ein sonniger Steingarten mit einem großen Felsen mit Aussicht.

Pflanzen, die alles überlebt haben wie der Ginkgo oder die, die sich spontan ansiedeln wie einige Disteln oder die Königskerze, werden von dem Wassermann verstanden. Auch für die einsam stehenden Pflanzen wie den Oleander oder die skurril wirkende Tamariske hat er ein Auge. Sie symbolisieren sein Bedürfnis nach Extravaganz und haben eine besondere Energie, die den Wassermann in seinem Denken inspiriert.

Der Wassermann kommt mit seinen neuen Ideen zu den Menschen, so wie die Pflanzen zu ihm kommen. Er fühlt sich manchmal als Ordner der Welt, wenn er von seinem „Denkturm“ oder aus seiner Baumhütte wieder heruntergekommen ist. In seiner Gartenwelt, umgeben von originellen Pflanzen und vielleicht sogar Metallskulpturen, kann er seine Ansprüche an sich selbst für ein paar Stunden vergessen. Regelmäßige Pflege überlässt der sprunghafte Geist gern anderen.

Fisch: Der Mediale

Viel Wasser und grenzenlose Landschaften prägen den Fisch-Garten.

Der Fisch gilt häufig als der Mediale, beim ihm verschwimmen die Konturen, sein Motto ist häufig „alles ist relativ“. Sein Garten ist grenzenlos, ruhig gelegen und mit einem tiefen See in der Mitte. Die Uferbepflanzung ist weitläufig und die Wege sind sandig oder bestehen aus Trittsteinen und sind variabel. Der Seerosenteich in Monets Garten in Frankreich ist ein wunderbares Beispiel eines typischen Fischegartens.
Es gibt Pflanzen, deren Blütenblätter ganz zart sind wie beim Schlafmohn und der Cosmea, es gibt andere, die zarte Blätter haben wie der Hanf und die Wiesenraute und die beweglich sind wie die Halme des Bambus und die Zweige der Weide oder das Gras. Kein anderes Sternzeichen hat eine so große Affinität zu der Zartheit und Beweglichkeit der Pflanzen, die verträumt wirken, wie der Fisch. Gleichzeitig liebt er die Tiefe des Sumpfes, in dem die Seerose und die Iris verankert sind, um der Bodenlosigkeit willen. Der Fisch nimmt das Unbewusste in der Begegnung mit anderen Menschen wahr und er findet das auch in der Pflanzenbegegnung im Garten. Die betäubende Wirkung des Hanfes und des Schlafmohns bleiben ihm nicht verborgen und er erfährt mit dieser eine neue Ebene in sich selbst. Die Pflege des Gartens übernimmt er nur ungern, denn dann müsste der Träumer ja aufwachen! Viel lieber fühlt er das Zarte im harten Steinelement und löst die Gegensätze auf.

Harmonie schaffen mit Accessoires

1

Accessoire	Sternzeichen
Sonnenuhr	Löwe
Gartenleuchte	Schütze
Schwenkgrill	Widder
Metallstühle	Widder
Skulpturen aus Eisen	Widder
Indianerzelt	Schütze
Feuerstelle	Löwe
Baum/Totempfahl	Schütze
Barbecuegrill	Löwe
Salzkristalllampe	Löwe
Windlicht	Schütze
Fackel	Widder

2

Accessoire	Sternzeichen
Sumpfbeet	Krebs
Wasserlauf	Skorpion
Teich	Fisch
Bambusstühle	Fisch
Skulpturen aus Glas	Skorpion
Spiegelelemente	Skorpion
Vogeltränke	Krebs
Bootshaus	Fisch
Steinskulptur aus Marmor	Krebs
Zimmerspringbrunnen	Skorpion
Bepflanztes Wasserglas	Fisch
Wasserschale	Krebs

1 Feuer 2 Wasser 3 Erde 4 Luft

3

Accessoire	Sternzeichen
Kübel	Steinbock
Pavillon	Jungfrau
Hochbeete	Stier
Vogelhaus	Jungfrau
Steine	Steinbock
Holzstühle	Stier
Rosenkugel	Stier
Pergola	Jungfrau
Skulpturen aus Eisen	Steinbock
Sandgärtchen	Steinbock
Balkontomate im Kübel	Stier
Erntekranz an der Tür	Jungfrau

4

Accessoire	Sternzeichen
Kinematische Objekte	Waage
Windräder	Wassermann
Windrose	Waage
Baumhaus	Wassermann
Hängematte	Zwilling
Aluminiumstühle	Wassermann
Blumenwiese	Zwilling
Gartenlaube	Waage
Klangspiel	Zwilling
Wetterstation	Waage
Glockenspiel	Wassermann
Duftstein	Zwilling

Infoecke

Astrologieberatung für Ihren Garten

- **Österreich:**
Praskac Pflanzenland, Tulln
Beratung: Magister Maria-Anna Pleischl
Tel.: 0043 – 02272/624 600
www.praskac.at

- **Deutschland:**
„Gartenidee“, Dipl. Ing. Annette Fechner
Tel.: 0421/79012977
E-Mail: gartenidee-fechner@web.de

Zur Autorin

Regina Engelke, Jahrgang 1969, hat eine Ausbildung zur Gärtnerin absolviert und anschließend Gartenbau- und Kommunikationswissenschaften mit dem Abschluss Diplom-Ingenieurin studiert. Seit 1996 beschäftigt sie sich intensiv mit Horticulture Therapy und people plant relationship, der Verbindung von Mensch und Pflanze. Seit 2002 ist Regina Engelke freiberuflich im Bereich Gartentherapie und kultureller Gartenarbeit tätig. Ausführliche Informationen erhalten Sie unter www.imlebensnetz.de

Literatur

- **Bergen,** Ilona: Das Heilpflanzen-Horoskop, Neuwied 1994
- **Fechner,** A.: Der astrologische Garten, Tübingen 2004
- **Greene,** L.: Sag mir dein Sternzeichen und ich sage dir wie du liebst, München 2000
- **Julius,** F. H., E.-M. Kranich: Bäume und Planeten, Stuttgart 1985

Internetadressen

- **www.astro.com**
Astrologieseite, auch zum Thema Astrologiegärten

- **www.praskac.at**
Infos und Beratung zu Astrologiegärten

- **www.gartenlink-sammlung.de**
Viele Infos rund um den Garten

Impressum

Bibliografische Information der Deutschen Bibliothek
Die Deutsche Bibliothek verzeichnet diese Publikation in der Deutschen Nationalbibliografie; detaillierte bibliografische Daten sind im Internet über http://dnb.ddb.de abrufbar.

Wollgrasweg 41
70599 Stuttgart (Hohenheim)
Internet: www.ulmer.de
E-Mail: info@ulmer.de
Internet: www.ulmer.de
Printed in Germany

Lektorat: Anke Ruf
Covergestaltung und Layout: X-Design, München
Herstellung und DTP: juhu media, Susanne Dölz, Bad Vilbel

Druck und Bindung: Litotipografia-editrice Alcione, Trento
Printed and bound in Italy
Umschlagfoto: age/ mauritius images/ C. V. D'Andrea

ISBN 3-8001-4742-4

Haftung

Die Autorin und der Verlag haben sich um richtige und zuverlässige Angaben bemüht. Fehler können jedoch nicht vollständig ausgeschlossen werden. Eine Garantie für die Richtigkeit der Angaben kann daher nicht gegeben werden. Haftung für Schäden und Unfälle wird aus keinem Rechtsgrund übernommen.

Bildquellen

Andreas Bärtels, Waake: S. 18 u, 20 u, 23 o
Becker/Schöner Wohnen/ Picture Press: S. 28
Andreas Beermann, Stuttgart: S. 8, 9
Borkowski/Flora/Picture Press: S. 42
Gisela Caspersen: S. 46, 54 (63/2), 57, 60 u
Regina Engelke: S. 19 u
Femina/Camera Press/ Picture Press: S. 51
Florapress: S. 17 u, 23 u, 26+27
GBA/Didillon: S. 49 (62/2)
GBA/GPL (Steven Wooster): S. 20 o
GBA/Nichols: S. 4 r, 21 o, 53 (63/3), 55 (62/3), 58
Graf Luckner/Living At Home/Picture Press: S. 44+45, 52
Graf Luckner/Schöner Wohnen/Picture Press: S. 18 o, 59 (U2 r)
Jutta Korz, Pommelsbrunn: S. 60 o
Hans E. Laux, Biberach/ Riß: S. 24 o (64/2), 24 u
E. Morell, Dreieich: S. 43 o
Helmut Pirc: S. 17 o, 19 o, 21 u
T. Ratsch/flora toskana: S. 43 u (64/4)
Hans Reinhard: S. 2+3 (5 u), 4 l, 6+7 (Ausschnitt U3/4), 12 o, 13 o, 14 u, 15 o, 16 o, 25 o, 25 u, 61 o, 64/5, 64/6, U3/1 (1 l), U3/2
Nils Reinhard: S. 61 u
Friedrich Strauß, Au/ Hallertau: S. 5 o, 10, 11 (U2 l), 12 u (64/1), 13 u, 14 o (63/1), 16 u, 22 o, 22 u, 48, 50 (64/3), 56 (1 r), U3/3, U3/5
Rosemary Weiler/SHE/ Camera Press /Picture Press: S. 15 u (62/1)
Tjards Wendebourg: U3/6
Alle Zeichnungen fertigte Maryse Forget, diGraph, Lahr, nach Vorlagen der Autorin.

Widder	Feuer		Der Garten ist funktional, seine Schaffung ist für den Widder eine Herausforderung. Er wirkt manchmal schroff, ist in jedem Fall schnörkellos und feurig.
Stier	Erde		Es ist ein Garten der Sinne, der dem Stier Sicherheit und viele Gaumenfreuden beschert. Er ist meist symmetrisch und harmonisch.
Zwilling	Luft		Offenheit, die Bewegungsmöglichkeiten bietet und viele Plätze der Begegnung zwischen den Menschen, Pflanzen und Tieren schafft.
Krebs	Wasser		Der Garten des Krebses hat etwas Geheimnisvolles, er ist meist schattig und hat beruhigendes Wasser, das die Gefühle fließen lässt.
Löwe	Feuer		Sonnige und klar strukturierte Umgebung mit einer gigantischen Vielfalt warmherziger Pflanzenpracht und strahlender Atmosphäre.
Jungfrau	Erde		Ein Garten mit Sinn und Verstand: Da ist alles an seinem Platz, es hat alles seinen Sinn und ein besonderes Augenmerk gilt den Details.